UN HOMME RICHE

(IL Y A CENT ANS)

ÉTUDE D'HISTOIRE LOCALE

1775-1804

Par Anacharsis COMBES

CASTRES

IMPRIMERIE I. FABRE, 12, PLACE PÉLISSON.

1875

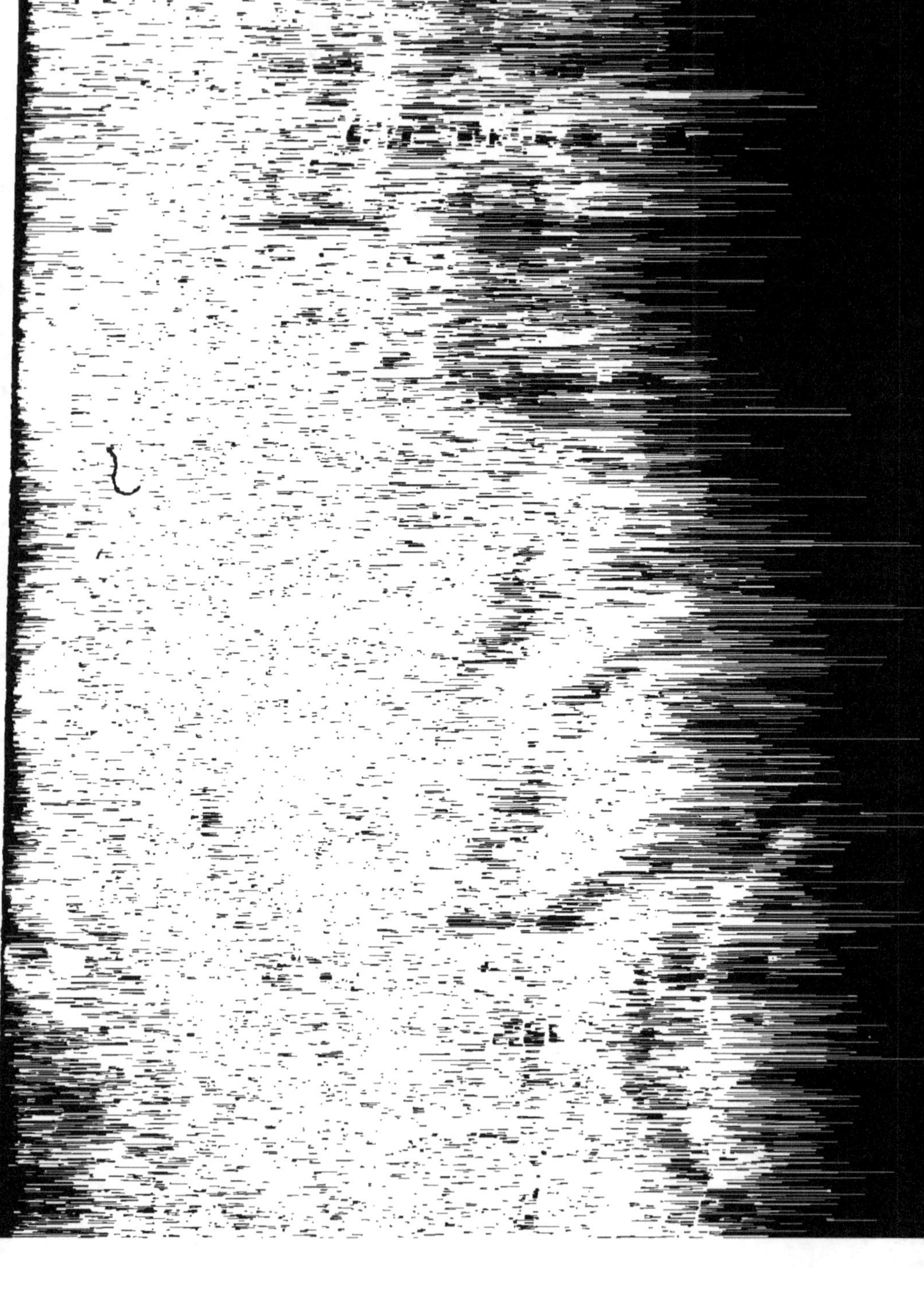

UN HOMME RICHE

(IL Y A CENT ANS)

ÉTUDE D'HISTOIRE LOCALE

1775-1804

PAR ANACHARSIS COMBES

CASTRES

IMPRIMERIE I. FABRE, 12, PLACE PÉLISSON.

1875

UN HOMME RICHE

(IL Y A CENT ANS).

I.

« L'homme heureux, a-t-on dit, est celui qui croit l'être ; »

J'applique cette pensée à un autre ordre d'idées, et avec la variante d'un seul mot, je l'exprime ainsi : L'homme riche est celui qui *sait* l'être. La richesse, en effet, n'est pas seulement dans quelques écus accumulés, dans la possession d'un grand nombre de terres ou de châteaux, dans un crédit commercial plus ou moins étendu. Car, placez au dessus de tout cela des désirs exorbitants, l'amour de l'argent sans la disposition à en régler l'usage, trop peu d'intelligence dans son emploi, vous arriverez immanquablement à la pauvreté. Tout est relatif dans la vie. La fortune participe de cette condition. Le *doit* et l'*avoir* exigent un autre terme, c'est la *balance* en style de commerce, l'*ordre* en bonne morale, c'est-à-dire le rapport continu des recettes et des dépenses, des besoins et des ressources, des biens à acquérir et des biens a conserver ; ou , avec plus d'exactitude, l'action réciproque du travail et de sa récompense. Sans cet *ordre*, il n'y a pas d'homme riche dans le monde. Il faut donc l'invoquer, par la comparaison des temps et des lieux afin de répondre pertinemment à tant de gens signalant tels ou tels comme des opulents, tandis que un petit secret révélé, une passion découverte, un événement imprévu, accusent bientôt un déficit toujours croissant, un ver rongeur insatiable, un mal profond sans remède, qui tôt ou tard doivent triompher de cette apparence de fortune, de bonheur, de satisfaction ; apparence le plus souvent prête à s'évanouir devant le premier souffle de la réalité.

Lors donc qu'on vous demandera : cet homme est-il *riche* ? Répondez hardiment : cela dépend de son talent à acquérir, mis en regard de son habitude à conserver ; cela tient à la modération de ses désirs, rapprochée de la suffisance de ses moyens ; cela implique, en un mot, une enquête préalable sur sa position morale, sur son intelligence naturelle, sur les résultats probables ou certains de ses entreprises; or, toutes ces choses sont bien difficiles à dégager du milieu des préjugés, de la prévention, de la jalousie ou de l'ignorance de ceux qui font le plus souvent cette question avec l'intention d'obtenir une réponse préconçue ou négative.

Une semblable recherche était moins chanceuse autrefois. On vivait alors plus à visage découvert; la santé par conséquent pouvait s'y lire avec plus de certitude ; on connaissait mieux qu'aujourd'hui les sources de l'aisance par lesquelles il fallait passer avant d'arriver à la richesse ; on se rendait un compte plus sûr de la situation des familles. Celles-ci n'étaient pas sauvegardées seulement par les institutions sociales mais encore par la conduite des individus, le plus souvent renfermés dans une sphère très étroite, et pour ainsi dire percée à jour. Il y avait d'ailleurs, en ce temps là, une espèce de solidarité entre les classes diverses, de sorte qu'elles se contrôlaient naturellement l'une par l'autre, avant que l'opinion publique s'associàt à la connaissance de leur valeur collective en même temps qu'à l'appréciation du mérite positif de leurs membres.

C'est cette connaissance que je me propose de révéler ici ; c'est cette appréciation que je prétends faire. Pour cela, je prends comme sujet le chef d'une famille Castraise, ainsi qu'il y en avait un certain nombre, il y cent ans. Je veux montrer comment elle était parvenue, comment elle se maintenait à un degré considérable de bonne renommée en vivant bien, en étant utile, en propageant de bons exemples. Tels doivent être en effet les avantages de l'association, à son premier terme de progrès moral, par la famille, qu'elle que soit d'ailleurs la différence sociale de ses antécédents, de ses intérêts présents, de ses vues d'avenir.

II.

En 1775, il existait à Navez, seigneurie sous ce nom, avec château plus ou moins défensif, petite église presque annexée à une tourelle féodale, ayant cinq métairies et un moulin pour dépendances, un homme s'appelant Noble-Marc-Antoine de Lacger. Il était né le 4 décembre 1743 ; il avait épousé une demoiselle de Barrau; il en avait eu trois enfants, deux garçons et une fille. Sa famille déjà ancienne remontait à Pierre de Lacger, juge royal, mort le 24 octobre 1655, anobli par Henri IV, à cause de ses éminents services. La descendance s'était honorablement continuée, entr'autres par Hercule de Lacger, que les fonctions diplomatiques ou judiciaires enlevèrent aux études littéraires, après qu'il eut fait partie de l'Académie de Castres, (1648—1670), et remplit les fonctions de secrétaire de la fameuse Catherine, reine de Suède.

Les ascendants de Marc-Antoine de Lacger avaient fait reconnaître leurs titres à l'occasion du jugement de M. de Besons sur la noblesse de Languedoc ; lui-même devait plus tard pourvoir à leur confirmation en payant chez MM^{es} Rollande et Tailhades, notaires, à Castres, deux copies de ces jugements afin de les utiliser suivant les privilèges qu'ils donnaient à la noblesse d'alors.

C'était donc avec cette qualité, qu'il tenait son rang parmi les notabilités de la ville de Castres. Il possédait là une maison, quoiqu'il résidàt le plus souvent sur ses possessions de Navez, admirablement situées aux confluens des deux rivières du Thoret et de l'Agoût, sur un terrain fertile, avec des abords presque faciles, par comparaison, surtout depuis la confection de la route de Castres à St-Affrique, et se prêtant à des cultures variées. Au même titre de Noble reconnu il portait dans ses armes *un Lion sur champ d'argent.*

Quoiqu'il en soit de cette distinction, cet homme avait en outre un mérite personnel. Il aimait l'instruction ; il présidait à la culture de ses terres avec intelligence ; il se montrait bon prince à l'égard de ses voisins ou des pauvres. Protestant de religion, il fraternisait affectueusement avec les catholiques, se rappelant toujours, dans un sentiment de charité, ou voulant l'oublier par esprit de tolérance, qu'il avait été, par force, baptisé dans l'église de St-Jacques de Villegoudou, et inscrit sur les registres de cette paroisse.

Avant d'aller plus loin, il importe de voir qu'elles étaient les habitudes de cette époque, en les prenant dans une circonstance extraordinaire, comme est celle d'un voyage de Navez à Carcassonne, ayant pour objet une visite à des parents. Dans son livre de raison, M. de Lacger en rapporte les détails en ces termes.

III.

« Le 25 avril 1774, je suis parti de Navez pour aller à Carcassonne à 5 heures et demi du matin; je suis arrivé au Pas-du-Rieu, cabaret de la montagne, proche l'église de la Prade à 9 heures cinq minutes. J'étais avec mon frère, M. Latour et notre domestique, tous quatre à cheval. Nous fîmes manger l'avoine aux chevaux et nous dinâmes avec des œufs et de bon jambon, du pain et du vin; le tout fut payé par M. Fabre, de Labruguière, qui faisait voyage avec nous et à qui le dit cabaret appartenait. Nous partîmes de là à midi quinze minutes et nous arrivâmes à Carcassonne à 5 heures et demie ou environ ; nous allâmes descendre devant la porte de Madame de Trinquier ; mon cousin de Lacger vint nous y recevoir ; il nous dit qu'il était logé très étroitement, et qu'il n'avait point d'écurie ; sur cela nous fîmes mener nos quatre chevaux au *Lion d'or* ; ils couchèrent à cette auberge et nous aussi. La couchée de ces quatre chevaux coûta pour le foin à 1 franc 15 sols chacun, 7 francs. Le lendemain le dîner des quatre chevaux coûta 4 francs ; le soir du 2o avril, la couchée des quatre chevaux coûta 7 francs. Pour avoir couché nous quatre, compris les valets, deux nuits à cette auberge, coûta 2 francs, plus donné à la servante du logis 1 franc ; plus donné au valet de mon cousin de Lacger qui nous éclairait la nuit avec le falot pour nous conduire de la maison de Madame de Trinquier au dit logis du *Lion d'or*, 1 franc 4 sols ; plus donné au perruquier qui nous accommoda neuf fois, 1 franc 16 sols ; plus la dînée du Pas du-Rieu coûta de nous quatre 5 francs 10 sols ; plus nous donnâmes au valet du Pas-du-Rieu 10 sols ; plus à un homme qui nous enseigna le chemin du bois de l'Aiguille en venant de Carcassonne 4 sols.

» Nous trois et notre valet mangeâmes toujours chez Madame de Trinquier. Le souper de notre arrivée fut de neuf plats en maigre, du rouget, de la sole, du saumon frais, des pâtisseries et puis neuf plats de dessert. Le lendemain il y eut un dîner superbe, composé de trois services, y compris le dessert, de vingt-sept plats chacun ; la plus grande partie était en maigre ; tout de choses recherchées et fort délicates ; les vins étaient des vins de Bordeaux, des vins de Malaga, et des vins de Grave, plus du vin d'ordinaire ; nous étions dix-huit à table, placés comme s'en suit : (1) J'étais le plus voisin de la porte ; (2) à ma droite était mon frère ; puis (3) M. d'Espeyriac ; (4) la fille de Madame Serein ; (5) M. de Moussoulens, chevalier de St-Louis ; (6) M. de Montigny, officier dans le régiment de royal Piémont-cavalerie ; (7) Madame Genin ; (8) un avocat, parent de Madame de Trinquier ; (9) Madame de Lucet ; (10) M. de Villedieu, autre officier du dit régiment Piémont ; (11) la fille du dit sieur de Moussoulens ; (12) mon cousin de Lacger ; (13) Madame de Moussoulens ; (14) M. de Lucet ; (15) Madame de Lacger, ma nouvelle cousine ; (16) M. de Lucet, frère du dit Lucet, lequel est garde du corps ; (17) M. Latour ; (18) Madame de Trinquier. Nous étions tous des jeunes gens, exceptés les numéros 5, 8, 13 et 17 et Madame de Trinquier qui n'a que quarante et un ans. Puis le souper était, sans le dessert de sept à huit plats entiers qui étaient le reste du premier repas. »

Ce petit tableau d'intérieur accusait une grande aisance, soit à cause de la prodigalité de l'amphytrion, soit par le rang des convives appartenant tous aux supériorités sociales de cette époque. Il faisait supposer d'ailleurs que chacun des invités pouvait, sans gêne, rendre une pareille politesse. Il est vrai que, le lendemain de pareils repas, tous rentraient dans leurs habitudes d'ordre et d'économie. On peut en juger par la manière dont l'auteur de ce récit, raconte avec la même franchise la vie intérieure des habitants du château de Navez.

D'abord il énumère très exactement le détail de ses dépenses anuuelles et obligatoires ; il établit ainsi ses revenus quittes de toute charge ; il les porte au total de 12, 664 livres 10 sols 10, après cela il ajoute :

« Ceux qui verront ce mémoire de notre dépense seront curieux de savoir comment nous vivons, le voici : Depuis vingt-deux ans que nous sommes à Navez, nous mangeons notre plus beau blé et buvons notre meilleur vin que nous recueillons à *Saïx* et à *Longue-Ginesle* ; nous faisons la soupe avec des choux rouges, ou nous mettons de la graisse, plus de viande de cochon ou d'oie. Après la saison des choux rouges, la soupe se fait avec des légumes secs et des herbes ; puis les fèves, puis les pois, puis les haricots, puis les choux capus, puis les choux floris ; puis revient le choux rouge ; on mange à dîner après la soupe, la dite viande de cochon ou d'oie qui était à la soupe ; le soir, pour souper, une volaille ou dinde, ou pièce de boucherie rôtie ou en sauce ; quelquefois aussi pour dîner une soupe avec viande de boucherie ou de volaille. Voilà notre vie. »

Les jours d'*extra* il y avait peu de changement, comme on peut le voir par la note suivante :

« 13 octobre 1801, M. de Goudon, de Castres, qui y est arrivé le 5 de ce mois venant de Hambourg, ou il résidait depuis 1791, ayant obtenu sa radiation sur la liste des émigrés, est venu à Clot avec Mlle Lisette, sa sœur ; ils y ont dîné. Nous leur avons donné une soupe de choux floris, un pain au lait, un gigot à l'ail, un lièvre rôti, un beau dessert, du café et des liqueurs ; tout était excellent. »

IV.

Telle était aussi la vie de la haute bourgeoisie et des familles attachées par un chef aux professions libérales. Dans de plus petites proportions les ouvriers parvenus à un commencement d'aisance suivaient un ordre analogue dans leurs deux principaux repas. Les uns et les autres mangeaint pour vivre, suivant le principe de Molière ; bien peu se livraient à des habitudes d'intempérance. Presque partout on suivait, comme à Navez, la régle des saisons pour emprunter à chacune d'elles ses produits les plus salubres, ses viandes les plus saines, ses fruits les plus mûrs, même ses remèdes hygièniques que Dieu semble avoir si généreusement distribués. suivant les lieux, dans des plantes annuelles d'une propriété incontestable, en rapport avec l'apparition périodique et locale de certaines maladies. Et qui sait si on ne devait pas à cela ces admirables longévités, devenant de jour en jour plus rares, ces belles vieillesses arrivant paisiblement suivant la loi de la nature, ces existences exemptes de troubles alarmants, et cette beauté de certains pays renommés autrefois par leur salubrité exceptionnelle !

Après la régularité de la table les grandes et

bonnes familles du temps passé observaient également les régles d'un *confort*, mot nouveau mais chose ancienne, convenable et relativement très peu coûteux. Il n'existait pas encore de ces salons prétendus de compagnie, hélas ! il n'y manque aujourd'hui que cela ! où tout est sacrifié à l'étalage ; dont les rideaux somptueusement inutiles, les tapis bizarres, les pendules monumentales, le piano taciturne forcément, se projettent devant un foyer très mal entretenu, si ce n'est tout à fait éteint, un luminaire sans éclat suffisant, des fauteuils mous, élastiques, si l'on veut, mais qu'on occupe un moment et qu'on abandonne bientôt pour aller ailleurs faire voir la robe, le chapeau, les cheveux, principal objet de la visite.

Il y a cent ans au contraire toutes ces superfluités étaient réduites à leur plus simple expression. On se réunissait cordialement, dans les villes pendant les longues soirées de l'hiver, dans les campagnes pendant les après-diners, pour se prêter les charmes d'un bon feu, l'intérêt d'une conversation sans prétention, le passe-temps d'une modeste partie, et, en été, pour se soustraire ensemble aux fortes chaleurs de la saison soit dans un coridor bien aéré, soit sous une treille à feuilles épaisses, soit à l'ombre de quelques arbres ; et tout cela dans le but unique de parler des affaires du pays, du cours des denrées, des mariages en projet, ou de se raconter les événements publics à l'aide de la *Gazette d'Avignon*, arrivant à Castres, sauf de nombreuses interruptions, deux fois par semaine et dont l'abonnement pour six mois coûtait la somme de 9 livres 13 sols.

Les autres dépenses somptuaires suivaient une

proportion analogue. Il peut être curieux d'en connaître quelques détails :

Ainsi on trouve dans un livre de raison à la date de 1778 les notes suivantes : « Habit, veste et culotte d'Elbœuf, à poil, couleur de drap naturel, plus une paire de culottes couleur rouge, monte le tout avec les fournitures 83 liv. 5 sols ; habit de london, couleur de laine blanche et brune, veste et culotte de cadis de Montauban avec les fournitures 39 liv. 12 s. 9 ; robe de soie en gros de Naples avec les fournitures 189 liv. C'était la robe de famille qui passait de génération en génération et que nos mœurs bourgeoises ont définitivement utilisée plus tard en fauteuils ou en canapés.

Ainsi, si l'on voulait connaître la dépense totale de l'année d'une maison composée de cinq personnes, plus trois petits enfants, trois servantes et un valet, on arriverait à ce résultat :

« Dépense des charges, impositions, gages, habits, linge, entretien des ustensiles de cuisine à réparer, fourbir, ou remplacer se monte à . . . . 1403 liv. 5 s. 7.
Laquelle dépense ajoutée à celle de bouche . . . . 1802 liv. 10 s. 5.

____

Forme un total de . . . . 3205 liv. 16 s.
Ce qui fait par jour 8 liv. 15 s. 7. »

Veut-on maintenant quelques données ? En voici qui, par comparaison, sont assez remarquables :

A cette époque les gages d'une servante étaient de 24 liv. par an.

Ceux d'un domestique mâle, 36 liv. plus une paire de souliers du prix de 3 liv. 15 s.

Un chapeau coutait 4 liv. 10 s.

Une douzaine de bas 5 liv.

Une paire de gants 14 sols.

Une paire de pantoufles de femme, 2 liv. 2 s.

On payait l'abonnement d'un coiffeur pour deux personnes, 6 liv. ; le premier janvier on octroyait généreusement à chacun des trois domestiques pour leurs étrennes la somme de 12 sols, total 1 liv. 16 s. ; il est vrai que si l'on trouvait sur son passage *un gentilhomme pauvre* (ainsi s'exprime le livre de raison) on lui glissait bravement dans la main une somme de 5 sols ; 2 sols de plus qu'on ne donnait au métayer pour aller dîner à Castres un jour de foire ou de marché.

Pourtant ces dépenses de maison avaient leur grands jours. C'était celui des mariages ou des naissances ; là aussi rien d'exagéré, rien de futile, rien de prétentieux ; on pourvoyait au nécessaire, on ne s'écartait nullement du principe de sage économie qui présidait à tout.

Voici par exemple les frais de noce d'une maison opulente suivant l'époque, avec son voyage obligé à Toulouse , le cadeau fait à la nouvelle mariée et toujours utilement employé pour elle et par elle ; celui des amies et l'achat de la bague sacramentelle, je copie :

« Voyage à Toulouse à l'occasion du mariage de M. François de Lacger avec Mlle Julie de Paleville, 1929 liv. 13 s.; dont pour la future, 1278 liv. 15 sols.

Deux montres d'or, l'une pour elle, l'autre pour donner, 468 liv.

Frais de voyage et de séjour, 84 liv.

Y compris pour trois soirées passées au théâtre, 9 liv.

Bague d'alliance et deux anneaux en argent, 9 liv.

Les frais du repas de noce étaient pris sur les dépenses ordinaires de la maison, suivant le prix des denrées, en un temps où la paire de poulets coûtait 17 sols, deux douzaines de poires 2 sols, 6 dindons 6 liv. 18 s., le poisson de mer 12 sols la livre, le café, 1 liv. et le pain de sucre, 1 liv 2 sols la livre.

Voici maintenant l'état des dépenses occasionnées par la naissance d'un enfant mâle, celui qui, par son sexe, était fêté d'une manière toute particulière; car on trouve dans plusieurs livres de raison, après la date, les prénoms, le nom du parrain et de la marraine ces mots : *Grande joie* ! tandis que une pareille exclamation n'accompagne jamais dans les mêmes répertoires la naissance des filles :

Frais à la sage-femme, le père, 6 liv.
Le parrain, ... 6 liv.
La mère, ... 3 liv.
A la femme de garde, ... 3 liv.
A chaque domestique, ... 1 liv. 4 s.
———————————
19 liv. 4 s.

Et voila comment se formaient et se maintenaient ces vieilles maisons d'une fortune exceptionnelle, ces familles destinées à se perpétuer par l'aisance même de leurs membres successifs, lorsque le travail y prenait sa place; non pas peut-être par l'action directe du propriétaire, mais par la direction qu'il savait imposer aux agents d'un ordre subalterne, auxquels, dans tous les cas, il donnait l'exemple de l'activité, de la surveillance et de l'épargne.

V.

A cette époque, cette direction était purement agricole. Le commerce et l'art manufacturier n'avaient encore ni assez de capitaux, ni assez de crédit pour l'imiter. Tout se bornait de ce côté à l'intelligence et à la coopération mises en jeu par une initiative personnelle, sur laquelle les ressources héréditaires pesaient peu. A force de travail ou de surveillance l'ouvrier devenait maître ; la petite dot de sa femme, bien plus précieuse encore par l'intervention de celle-ci dans l'atelier de fabrication aidait puissamment à cette première transformation. Bien heureuses même ces femmes lorsqu'un mari dissipateur, ou les circonstances d'un malaise général ne venaient pas mettre obstacle à leurs dispositions naturelles d'ordre et de sobriété. Qui n'a connu à Castres l'histoire de cette digne manufacturière (ce nom lui revient sans partage) abandonnée par son mari, ayant quatre enfants à nourrir et à élever, sans autre appui qu'un pauvre domestique associé volontairement à sa pénible destinée, qui, après avoir emprunté difficilement une somme de mille écus, pour payer ses premières balles de laine, fonda une maison d'une immense réputation et mourut en laissant à ses héritiers une succession nette et liquide de 400,000 francs ?

La position était toute autre pour les propriétaires de grands domaines. Ils avaient souvent la terre, mais rarement le talent de la faire valoir. Ils trouvaient là des ressources alimentaires pour eux, ils s'en contentaient ; plusieurs fois par an ils allaient partager en nature avec leurs métayers des produits dont la routine de ces derniers empêchait le développement. Ils s'endormaient paisiblement dans l'habitude de conserver leurs biens, sans se rendre exactement compte ni de leur nature productive, ni de la nécessité de les partager un jour entre des enfants, se croyant riches parce que leur père l'était; enfants accoutumés à une aisance collective qui, sans travail de leur part, devait un jour devenir de la gêne, surtout quand l'invasion du luxe triomphait de l'esprit d'une bonne et sage économie:

M. Marc-Antoine de Lacger n'était pas de ceux-là. Il comprenait sa profession d'agriculteur comme une véritable profession. Il la sentait à la fois honorable et lucrative. La manière dont il se rendait compte soit jour par jour, soit au moyen d'un résumé général à la fin de chaque année, après avoir établi une fois pour toutes la base de ses opérations ou d'impulsion ou de surveillance, prouve en lui un esprit méthodique, que ne possédaient pas alors les autres gentilshommes châtelains du pays Castrais.

Voici en effet, ce qu'il écrivait en 1779 :

« Suivant ce que le setier de blé a valu au mois d'août de chaque année depuis et y compris 1758 jusqu'à l'année 1779 incluse, la valeur du setier revient à 16 liv. 8 s.

» D'après le même calcul le prix du millet revient à 12 liv. 8 s.

» Les récoltes du blé des métairies de Navez, Malzac et le Gua, reviennent quittes de solatage, pour chacune de ces années (1758-1779) à 278 setiers, d'où il faut distraire 70 setiers pour la semence annuelle, reste 208 setiers, sur quoi doit être pris 17 setiers 3 mesures de blé à 16 liv. 8 s. le setier.

» Somme exacte du revient en argent
. . . . 3,726 liv. 5 s.

» Recette du millet ainsi calculée 187 setiers à 12 liv. 8 s. 2,318 liv. 16 s.

Total, 5,445 liv. 16 s.

D'où il faut retrancher le prix de la nourriture des métayers pour chaque année ou 1,051 liv. 4 s.

Revenu net, 4,393 liv. 16 s

» C'est l'intérêt de 87,876 liv. que valent les dites métairies. La moulin quitte de réparations donne à peu près sans l'avoir compté, mais à vue de pays, suivant l'usage, 700 liv., intérêt de 14,000 liv. ce qui porte la valeur des quatres métairies à 101,876 liv.

« Mais pour en arriver là, il faut faire valoir les métairies par des maître-valets. Or, il y a deux métairies de quatre paires de labourage chacune ; il faut donc quatre hommes, un berger, et une femme pour faire leur repas.

» Nous donnons à Clot qui est aussi une métairie de quatre paires de labourage :
» 192 liv. 12 s. pour la valeur des gages, cochon, huile et sel.
180 pour la valeur de 12 setiers 4 mesures de seigle à 14 liv. 8 s. le setier.

3.

155 liv. pour la valeur de 12 setiers 4 mesures de millet à 12 liv. 8 s.
le setier.

---

527 liv. 12 s.

» Outre cette somme les valets prennent la
moitié du profit du troupeau ce qui fait 150 liv.
pour eux ; de plus ils font du millet à 4 séte-
rées de terre, ce qui donne dix setiers pour
leur portion sans que nous ayons rien à dé-
bourser pour ces deux articles.

» Les mêmes calculs appliqués aux métairies
de Clot de la Planésié donnent en revenu net,
1,885 liv. ; ce qui est l'intérêt de 37,704 liv.,
valeur capitale ; si bien que par ce compte les
métairies de Navez valent deux fois autant que
les deux autres et pour le moulin ajouté
26,468 liv. de plus.

» On ne compte pas sur toutes ces métairies
le profit des cabaux, parce que approximative-
ment le profit fait sur le bétail à laine que
prend le maître ainsi que la volaille et l'aide
de tailles des milières (terres à millet cultivées
par les maître-valets) compensent la perte
que nous faisons sur les bœufs, comme aussi
ce que coûte chaque année le recurement des
fossés et l'entretien des outils aratoires.

» Il résulte de ce compte que le maître-valet
en général, après la semence déduite et les
charges payées, reçoit le tiers du revenu du
grain de paille. »

VI.

Peut-on rien voir de plus précis que ces documents ? Tout y est exact et fidèle : moyenne du produit de plusieurs années, récoltes annuelles mathématiquement évaluées en argent, part du propriétaire agriculteur et du travailleur ayant une existence assurée et quelques profits éventuels, ce qui est presque déjà le minimum de Fourier le grand socialiste, avec une garantie donnée à la possession du capital, tout cela s'y trouve ; et qu'on ne suppose pas, malgré tout ce qui a été dit depuis des privilèges de certains nobles, que les terres de Navez participassent en rien du bénéfice des redevances féodales ? Elles payaient l'impôt comme toutes les autres plus ou moins bourgeoises sous le nom de dîme, capitation, taille, albergue, censive, prémice, vingtième, abonnements, ce qui portait l'impôt de ces terres à 973 liv. 4 s. 11.

On peut donc faire la proportion juste entre cette somme et le revenu net de 4,393 liv. 16 s. ou le capital de 101,876 liv.; et cela, dans un temps où, pour couper et former 5,841 gerbes de blé, décime compris, il fallait 119 journées d'homme à 15 sols la journée et 102 journées de femme à 12 sols, et pour les dépiquer 305 journées d'homme à 14 sols, et 24 journées de femme à 10 sols, ce qui faisait revenir la moisson à 150 liv. 9 s., et les travaux de vanage et d'épuration à 225 liv. 10 s., résultat des deux opérations 1 sol 3. deniers 1[2 pour chaque gerbe.

Ces détails sont précieux pour établir les progrès faits depuis cent ans dans la culture des céréales, surtout depuis l'introduction des fourrages artificiels et les fumures énergiques. On ne pouvait pas les attendre alors de bestiaux mal nourris, dont il fallait aller chercher la chétive alimentation dans les prés de Labruguière et du vallon de Notre-dame-de-Noaillac; aussi n'est-il pas peu curieux de rappeler qu'en 1776 une paire de bœufs s'achetait soit 264 liv., soit 259 liv. 10 s., soit 300 liv. quand ils n'avaient que six ans, et une paire de taureaux en foire d'Anglès 123 liv.

C'est pourquoi, dans les métairies de plaine fallait-il regarder le profit à faire sur les bestiaux, cette source si remarquable de la richesse de l'agriculture moderne, comme nul.

VII.

C'est sur cette situation à peu près générale dans les plaines des environs de Castres que la révolution de 1789, vint imprimer son mouvement d'émancipation politique, mais en même temps de misère. La période décennale qui la précéda avait été sans production suffisante. La terre ravagée par les fléaux atmosphériques semblait être devenue stérile. L'infertilité dont Arthur Young rapportait uniquement la cause aux cultures arriérées, en avait beaucoup d'autres. La principale était les froidures irrégulières des hivers, les gelées tardives du printemps, les grêles des étés, frappant non-seulement sur quelques communes mais sur des provinces entières. Le pays Castrais fut surtout cruellement atteint sous le rapport de la production agricole, partout les terres restèrent sans revenus, le prix du blé se soutint à un taux exhorbitant, les marchés se trouvaient souvent au dépourvu tandis que l'impôt, pendant ce temps, ne tendait qu'à s'accroître. De là l'appel général fait à des changements mal préparés, peu étudiés, encore plus mal formulés et qui, au premier moment d'explosion, se traduisirent par des pillages, accompagnés de ce cri de désespoir plutôt que de liberté : *Guerre aux châteaux ! Paix aux chaumières !* . . . Hélas ! toutes ces chaumières ne manquaient ni de repos, ni de tranquillité, elles manquaient de légumes et de pain !

Les propriétaires vivant à la campagne furent les moins frappés par ce terrible état de choses. Des récoltes, quoique très chétives leur donnaient de quoi vivre; il se trouvait toujours dans quelque coin de leur maison, quelque peu de blé, ou tout au moins de millet en coques, que tous les émeutes du monde auraient été impuissants à se partager, faute de moyens de transport. On ne va pas au pillage avec un sac à la main et une charrette à la porte.

Cela explique pourquoi les populations rurales s'agitaient peu, surtout quand elles étaient attachées à la terre comme métayers, valets ou journaliers. Aussi, lorsqu'au fort de la terreur voulut-on les forcer à devenir révolutionnaires dans le plus mauvais sens du mot, fallut-il leur envoyer des excitateurs urbains, plus ou moins capables de les séduire; quoique sur quelques points ils donnassent l'exemple de l'inconduite et de l'intempérance, cet exemple était réprimé de lui-même par le manque de denrées ou de provisions.

On trouve quelques traces de cette pression de la ville de Castres sur les campagnes dans les notes manuscristes de M. Marc-Antoine de Lacger. Malgré sa circonspection, bien justifiée d'ailleurs par les circonstances, on y voit qu'un agent terroriste vint à Navez intimer l'ordre de labourer le dimanche, malgré la répugnance des paysans et celle des animaux (chose qui fut observée en plusieurs lieux) ; on y lit comment lui-même iucarcéré comme riche fut rendu à la liberté en payant une rançon de 3,000 liv. La se trouve le prix extraordinaire du blé de 90 liv., en assignats le setier, au moment même de la récolte de 1793, et la manière dont il fallut rationner chaque habitant afin d'empêcher tout le monde de mourir de faim.

Tout cela est écrit sans passion, sans parti-pris, sans trop de crainte, par conséquent, sous le sentiment d'une exacte vérité ; et voilà comment se distingue ce livre de raison qui peut venir en aide à l'histoire. Nous nous en sommes servi avec avantage dans notre *Histoire de la ville de Castres et de ses environs pendant la révolution française.*

Son auteur continue ainsi, peut-être jusqu'à sa mort, puisque le manuscrit arrête seulement au mois de juillet 1807, la relation chronologique des événements arrivés dans le pays. Il y indique la régénération des mœurs à la suite et par le fait de la révolution, noyée définitivement dans l'empire de 1804, et cherchant là, malgré l'impôt et la guerre, la con-

solidation de certaines fortunes fruit de l'épargne ou de la vente des biens nationaux. Il fait
voir le caractère très remarquable de quelques
nouveaux possesseurs, la source très légale de
certaines acquisitions, dont les biens distribués
plus tard par héritage, ou par des ventes au
détail ont changé complétement la nature de la
richesse du pays; indique surtout comment des
cultures plus progressives, amenées d'une part
par le système d'exploitation des terres en maître-valets, de l'autre part l'activité et l'intelligence des paysans devenus propriétaires, ont
pu se substituer aux habitudes routinières de
l'ancien régime, et la terre conquérir sa légi-
time liberté de possession et de transmission.

VIII.

La richesse publique s'en est accrue ; le bien
être individuel s'en est augmenté ; la classe
des cultivateurs a trouvé la sa raison d'être.
Par conséquent la révolution de 1789 a été un
bienfait social. Pas un de nous qui n'y participe tous les jours par des avantages incontes-
tables. Si la qualité de propriétaire s'est affai-
blie d'un certain côté, de l'autre elle s'est ren-
forcée par une incorporation plus intime de
l'homme avec le sol. La nécessité du travail
pour acquérir, surtout pour conserver a pris
la place du privilége de la possession sans autre titre que celui de *s'être donné la peine de
naître*. La PROPRIÉTÉ, en un mot, est devenue

non pas le vol, suivant le mensonge économi-
que de Proudhon, mais L'APPROPRIATION; *appropriation* de la terre à celui qui sait le mieux la
cultiver ; *appropriation* de la terre à la régénération de la famille qui y trouvera tôt ou tard
le moyen de pourvoir à l'amélioration morale,
intellectuelle et physique de tous ses membres ;
approprition de la terre à la bonne adminis-
tration de la cité et du département quand
leurs soins s'appliqueront à rechercher comment
l'impôt peut être assis, recueilli, employé avec
ordre, sagesse et modération; *appropriation* enfin de la terre au gouvernement s'il parvient enfin
à comprendre que sa mission toute pacifique ne
consiste plus exclusivement à armer des soldats,
ou à donner des fêtes bien égoïstes, mais à favo-
riser de toutes ses forces la production agricole,
manufacturière et commerciale, en répandant
ou laissant se répandre ses avantages sur
tous et sur chacun.

FIN.

Castres. — Imp. I. FABRE, 12, place Pélisson.

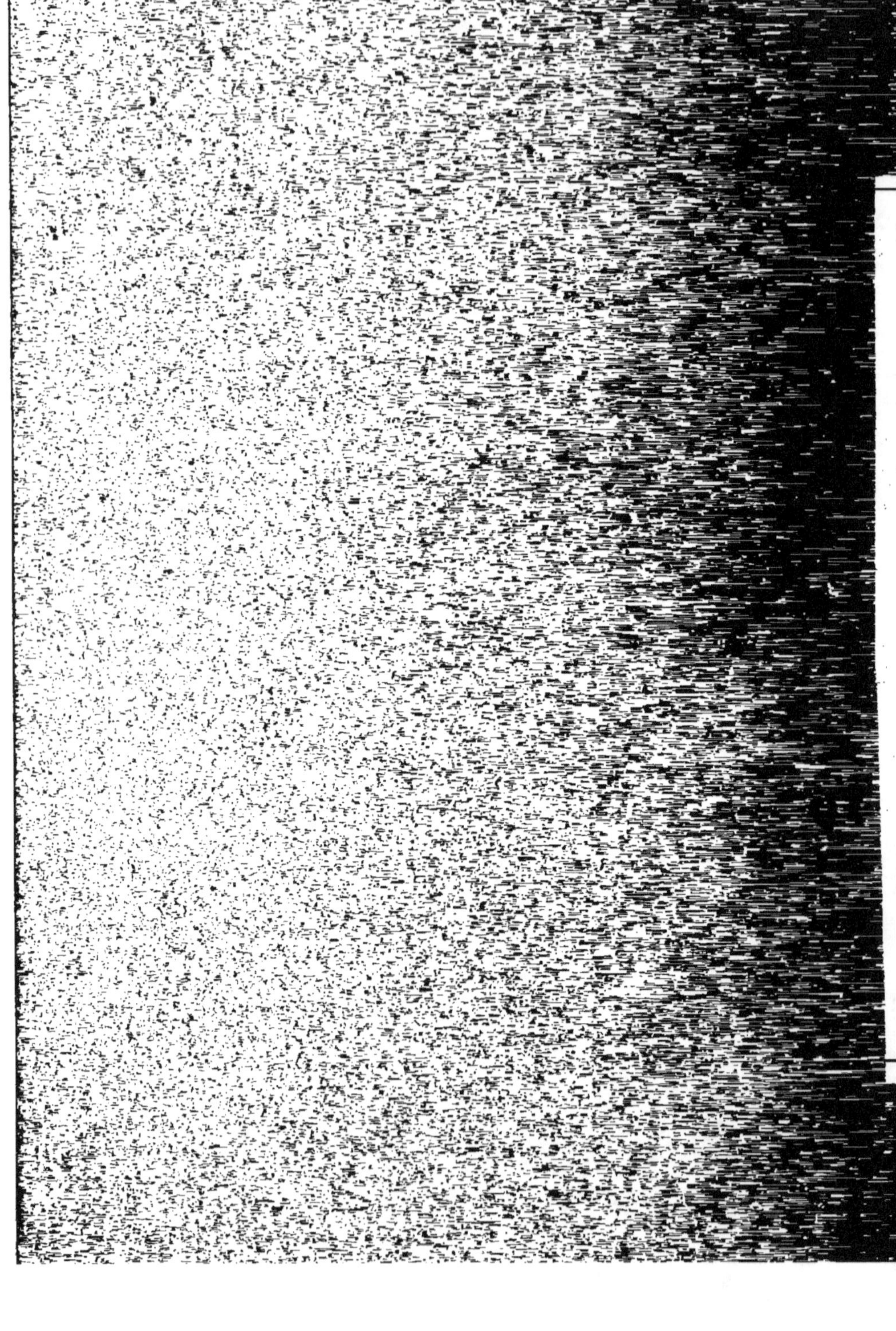